Berit Bach

Weihnachten im Ponystall

Mit Illustrationen von Dorothea Tust

arsEdition

Die Deutsche Bibliothek verzeichnet diese Publikation
in der Deutschen Nationalbibliografie;
detaillierte bibliografische Daten sind im Internet über
http://dnb.ddb.de abrufbar.

© 2018 arsEdition GmbH, Friedrichstraße 9, 80801 München
Alle Rechte vorbehalten
Text: Berit Bach
Titelbild- und Innenillustrationen: Dorothea Tust
Umschlaggestaltung: Grafisches Atelier arsEdition unter Verwendung
einer Illustration von Dorothea Tust und einer Vignette
von Getty Images / thinkstock

ISBN 978-3-8458-2526-7

www.arsedition.de

Inhalt

Aufregung um Knuffel

Knuffel macht nicht mit 10

Schreck in der Morgenstunde 22

Typisch Knuffel! 33

Lotta fährt ans Meer

Endlich Ferien 46

Hilfe, Einbrecher! 59

Ende gut, alles gut 69

Ein Wanderritt mit Knuffel

Endlich geht's los! 82

Hilfe, es spukt! 93

Knuffel, der Gespensterschreck 106

Weihnachten mit Knuffel

Heiligmorgen im Stall 118

Was ist nur mit Nelly los? 130

Die schönste Bescherung 139

Aufregung um Knuffel

Knuffel macht nicht mit

„Lotta, du bist dran!",
ruft Lottas Reitlehrer Klaus.
Aufgeregt presst Lotta
die Lippen aufeinander.
Es ist ihre erste Springstunde
und ihre Freundin Lena
sieht von der Tribüne aus zu.
Knuffel ist mit Lotta schon
über die kleine Hürde getrabt.
Nun soll er im Galopp
darüberspringen.

„Komm Knuffel", flüstert Lotta
und drückt ihre Fersen leicht
in Knuffels Flanken.
Knuffel galoppiert an und Lotta
reitet gerade auf das Hindernis zu.
Die anderen Kinder
in der Reitstunde
beobachten die beiden gespannt.
„Und … Sprung!", ruft Klaus.

„Huch!", ruft Lotta.
Denn statt zu springen, bleibt
Knuffel vor dem Hindernis stehen!
Sie rutscht auf seinen Hals
und kann sich gerade noch
an seiner Mähne festhalten –
sonst wäre sie hinuntergefallen.

„Macht nichts", sagt Klaus,
„versuch es noch einmal!
Und drück die Beine
an seinen Bauch!"

Lotta galoppiert wieder an.
„Komm Knuffel!", ruft sie laut
vor dem Hindernis.
Doch schon wieder
stemmt Knuffel kurz vorher
seine Beine in den Boden.
Diesmal hat sich Lotta
aber besser festgehalten
und bleibt im Sattel sitzen.
„Warum macht er das?",
fragt sie ratlos.

Klaus zuckt mit den Schultern.
„Ich habe keine Ahnung", sagt er.
„Lena, versuchst du es mal?"

„Ja, gern", ruft Lena
und läuft in die Reitbahn.
Lena ist die Tochter von Klaus
und eine super Reiterin.

„Bei dir springt er bestimmt",
meint Lotta und gibt Lena die Zügel.
Lena sitzt auf und galoppiert an.

„Mehr Tempo, Lena!", ruft Klaus.
„Du kommst ja angeschlichen
wie eine Oma!"

Lena reitet schneller
auf das Hindernis zu.
„Und … Sprung!", ruft Klaus
auch diesmal.
Aber auch bei Lena bleibt Knuffel
mitten im Galopp stehen.
„So ein Schlingel!", lacht Lena.
„Das macht er bestimmt extra!"

Klaus sieht auf die Uhr.
„Leider haben wir keine Zeit mehr",
sagt er. „Komm morgen ganz früh,
dann gebe ich dir eine extra Stunde.
Das wäre doch gelacht,
wenn Knuffel nicht springt."

In der Stallgasse sattelt
Lotta Knuffel ab.
„Warum willst du denn
nicht springen?", fragt sie,
als sie Knuffel in die Box führt.
Knuffel schnaubt und reibt
seinen Kopf an ihrer Schulter.

„Nein, Knuffel", sagt Lotta
und schüttelt den Kopf,
„du kriegst keinen Apfel.
Aber wenn du morgen springst,
bekommst du ganz viele.
Versprochen."
Lotta streichelt Knuffel noch einmal,
aber Knuffel dreht ihr
sein Hinterteil zu.
Lotta seufzt leise.
Mit Knuffel streng zu sein,
ist ganz schön schwierig.

„Es ist wieder ein Zirkus
in der Stadt", sagt Lottas Mutter
nach dem Abendessen.
„Sollen wir hingehen?"
„Wie heißt der denn?", fragt Lotta.
Lottas Mutter sieht in die Zeitung.
„Zirkus Herkules", sagt sie dann.

„Das ist doch der, der Knuffel
an den Schlachter verkauft hat!",
ruft Lotta.
„Nee, zu dem will ich nicht."

Lotta hatte Knuffel dann aber
zusammen mit der Leiterin
vom Tierheim gerettet.
Und schließlich haben ihre Eltern
ihn ihr geschenkt.

Schreck in der Morgenstunde

„So früh?", fragt Lottas Vater
erstaunt, als Lotta
am Samstagmorgen
in die Küche kommt.
„Ich habe heute eine extra
Springstunde", sagt Lotta.
Sie packt ein Butterbrot für sich
und vier Äpfel für Knuffel ein.
Jetzt tut es ihr sehr leid,
dass sie ihm gestern
keinen gegeben hat.

„Knuffel", ruft Lotta,
als sie in den Stall kommt.
Aber kein grauer Ponykopf
mit lustigen Augen
schiebt sich über die Boxtür.
„Bist du noch sauer, Knuffel?",
lacht Lotta und läuft zu seiner Box.

Doch Knuffels Box ist leer!
„Nanu?", wundert sich Lotta.
Ist Knuffel auf der Weide
hinter dem Stall?
Da kommt Klaus
die Stallgasse entlang.

„Prima, dass du schon da bist, Lotta",
sagt er. „Ich muss heute
nämlich doch früher weg.
Ich will mir ein neues Pony
für die Reitschule ansehen."
„Dann hole ich Knuffel schnell",
sagt Lotta und nimmt
das Reithalfter vom Haken.

„Holen? Woher denn?",
fragt Klaus erstaunt.
„Knuffel ist nicht auf der Weide."

„Aber hier ist er auch nicht!",
ruft Lotta erschrocken.

„War die Boxtür offen?"
Klaus sieht plötzlich
sehr ernst aus. Lotta nickt.

„Dann kann es nur sein, dass
Knuffel …"

„ … entführt wurde?"
Entsetzt reißt Lotta die Augen auf.

„Was ist denn mit euch los?",
fragt Lena, die gerade
um die Ecke kommt.
„Ihr seht ja aus, als hättet ihr
ein Gespenst gesehen."

„Knuffel ist entführt worden!",
ruft Lotta aufgeregt.
„Wir müssen ihn sofort suchen!"

„Er ist bestimmt nicht entführt worden", beruhigt Klaus sie.
„Ausgebrochen ist er
und macht sich wahrscheinlich
einen schönen Tag.
Ihr beide fahrt mit dem Fahrrad
die Gegend ab, ich nehme das Auto."
Sofort rennen Lotta und Lena
zu ihren Rädern.

„Knuffel ist garantiert ausgerissen,
weil ich gestern
nicht nett zu ihm war",
sagt Lotta zerknirscht,
als sie in Windeseile den Feldweg
Richtung Stadt strampeln.

„Quatsch", meint Lena.
„Wahrscheinlich war die Box
nicht richtig zu."
Lotta nickt zögernd.
Vielleicht hatte sie wirklich
vergessen, die Tür einzuhaken?

Lotta und Lena fahren
den ganzen Stadtrand ab.
Aber weit und breit
ist kein Knuffel zu sehen.

„Haben Sie ein kleines graues Pony
gesehen?", fragt Lotta jeden,
den sie unterwegs trifft.

Typisch Knuffel!

Doch alle schütteln nur den Kopf.
„Wenn ich ihn nicht wieder-
kriege …", schluchzt Lotta
und dicke Tränen kullern
über ihre Wangen.
Aber plötzlich hat sie eine Idee!
„Los, komm!", ruft sie Lena zu
und tritt heftig in die Pedale.

„Wo willst du denn hin?",
fragt Lena.
„Zum Zirkus! Vielleicht haben die
Knuffel entführt!"

Lena stöhnt. „Lotta, du liest
zu viele Detektivgeschichten."

Ein paar Minuten später haben
die Mädchen die Zirkuswiese erreicht.
Lotta stellt ihr Rad an den Zaun
und geht schnurstracks
auf das Gelände.
Lena folgt ihr zögernd.
Ein Mann kommt
aus einem Wohnwagen.

„Was wollt ihr denn?", knurrt er.
„Äh … wir … wir suchen
mein Pony", sagt Lotta.
„Hier?" Der Mann
kneift die Augen zusammen.
„Bist du nicht das Mädchen,
das den Knuffel
in ein Tierheim
gebracht hat?"

Lotta nickt.
„Aber jetzt gehört Knuffel mir.
Und seit heute ist er weg!"
„Und da suchst du ihn bei uns?",
fragt der Mann.
„Ja, weil ich dachte, dass …"
„… wir ihn geklaut haben?"
Der Mann lacht.
„Aber vielleicht ist er
ja wirklich … kommt mal mit."

Lotta und Lena folgen dem Mann
zu einer abgezäunten Grasfläche.
„Da sind alle unsere Ponys drin",
sagt der Mann.
Plötzlich wiehert ein Pony hell.
„Knuffel!", schreit Lotta
und rennt zum Zaun.

Und wirklich!
Zwischen den vielen Ponys
steht Knuffel!
Überglücklich umarmt Lotta ihn.
„Aber wie kommt Knuffel
denn hierher?",
fragt Lena verdutzt.

„Wahrscheinlich wegen Nelly."
Der Mann zeigt auf ein
kleines Pony hinter Knuffel.
„Nelly war hier im Zirkus
seine Freundin."

„Dann hat Knuffel gespürt,
dass Nelly in der Nähe ist?",
fragt Lotta ungläubig.

„Möglich", meint der Mann.
„Und weil er so gut springt,
ist er über den Zaun gehüpft
und zu Nelly gelaufen."
„Knuffel soll gut springen können?"
Lotta und Lena prusten los.

„Na, und wie!", sagt der Mann.
„Wir haben ihm damit
sogar einen Trick beigebracht:
Er springt solange nicht
über eine Hürde, bis er Nelly sieht."

„Ohhhhh …" Schlagartig hört Lotta
auf zu lachen.

„Darum bist du gestern
nicht gesprungen!",
sagt sie zu Knuffel.
„Entschuldige bitte, dass ich
gestern so doof zu dir war!"

Knuffel schnaubt leise
und reibt seine Nase
an Lottas Schulter.
Lotta streichelt ihn nachdenklich.
„Verkaufen Sie Nelly?",
fragt sie dann den Mann.
„Hm … kommt drauf an."
Lotta knufft Lena in die Seite
und die Mädchen grinsen sich an.

Am Nachmittag hat Lotta
wieder ihre Springstunde.
„Jetzt möchte ich aber sehen,
wie Knuffel springt", lacht Klaus.
„Wenn ich schon Knuffels Freundin
kaufen muss ..."
Lotta galoppiert an.
Hoch und weit setzt Knuffel
über das Hindernis.

„Toll!", rufen Klaus und Lena.
Lotta strahlt. Sie springt
aus dem Sattel und umarmt ihr Pony.
„Du bist eben der süßeste,
klügste und wunderbarste Knuffel
der ganzen Welt!"

Lotta fährt ans Meer

Endlich Ferien!

„Ich bin so gespannt!" Lotta hüpft auf dem Rücksitz hin und her. Mit ihren Eltern reist sie heute auf eine Nordseeinsel – ihr Pony Knuffel fährt im Hänger mit. Lottas Mutter dreht sich lächelnd zu ihr um. „Wenn ich das erste Mal mit meinem Pony in den Urlaub fahren würde, wäre ich genauso aufgeregt."

Nach drei Stunden Fahrt treffen sie auf dem „Reiterhof Michelsen" ein. Eine junge Frau in Jeans und Stiefeln kommt ihnen entgegen.
„Herzlich willkommen!", sagt sie und gibt Lotta und ihren Eltern die Hand.
„Ich bin Meike, die Reitlehrerin."

Meike und Lotta laden Knuffel aus
und führen ihn
auf eine große Weide.
Sofort galoppiert Knuffel los
und macht ein paar
fröhliche Bocksprünge.

„Der fühlt sich hier
schon pudelwohl", lacht Meike.
„Und jetzt ein Stück Butterkuchen
nach der langen Reise?"
„Au ja!", ruft Lotta, „das ist nämlich
mein Lieblingskuchen!"

Lotta, ihre Eltern und Meike
lassen sich Kuchen, Saft und Kaffee
in der Küche schmecken.
Da stürmt plötzlich
ein Mädchen herein.
„Es sind heute ganz viele Kinder
für das Ponyreiten da!",
ruft es aufgeregt,
„wie soll ich das alleine schaffen?"

„Ich kann dir helfen",
sagt Lotta sofort und steht auf.
„Das wäre super!",
sagt das Mädchen verdutzt.
„Bist du die Lotta mit dem Knuffel?"
Lotta nickt. „Und wer bist du?"
„Ich bin Marie.
Und mache hier auch Ferien."

Lottas Eltern verabschieden sich
und fahren in ihre Ferienwohnung
weiter.
Lotta und Marie gehen in den Stall.
„Die kleine Schecke ist Zwerg
und der Braune da Minimax",
erklärt Marie.
„Und das hier ist Motte,
mein Lieblingspony."
„Sind die alle süß!", ruft Lotta begeistert.

„Typisch Knuffel!", lacht Lotta,
als sie und Marie
mit den Führponys
zur Weide kommen.
Knuffel steht am Zaun und zieht
einem kleinen Jungen immer wieder
das Piratentuch vom Kopf.
Die anderen Kinder johlen
vor Vergnügen.

„Jetzt ist es aber gut, Knuffel!",
ruft Lotta.
Knuffel sieht mit gespitzten Ohren
zu ihr hinüber und hört sofort auf.
Der Junge und die anderen Kinder laufen zu Lotta, Marie und den Ponys.

„Kann ich auf den da?",
fragt der Junge
mit dem Piratenkopftuch
und zeigt auf Knuffel.
„Nein, Knuffel ist kein Führpony",
sagt Lotta.
„Du kommst auf Minimax."
„Ooh, schade", sagt der Junge
und Lotta hilft ihm in den Sattel.
Minimax niest einmal kräftig,
der Junge auch und dann
geht Lotta los.

„Wie heißt du denn?", fragt Lotta.
„Paul. Und ich kann auch schon
ganz alleine reiten."
„Wirklich?", fragt Lotta erstaunt.
„Ja, Ich war nämlich schon
im Pony Park Padenstedt.
Und hier reite ich auch immer."
„Aber das hier ist doch nicht richtiges Reiten", meint Lotta. „Doch",
sagt Paul trotzig
und Lotta lacht.

Nach Paul führt Lotta
noch eine Menge Kinder
und es macht ihr viel Spaß.
„Ich wollte mit Motte
noch an den Strand reiten",
sagt Marie, als sie fertig sind.
„Hast du Lust mitzukommen?"
„Klar!", sagt Lotta. „Dann mache ich
schnell Knuffel fertig!"

Bald danach traben Lotta
und Marie am Strand entlang.
„Gefällt es dir hier auch so gut
wie mir?", fragt Lotta leise
und klopft Knuffels Hals.
Knuffel schnaubt fröhlich.

„Sollen wir galoppieren?",
ruft Marie Lotta zu.
„Ja, super!", antwortet Lotta
begeistert.
Und schon sausen Knuffel
und Motte mit wehenden Mähnen
den Strand entlang.

Hilfe, Einbrecher!

Am nächsten Morgen wird
Lotta früh wach.
Marie schläft noch tief und fest.
Leise zieht Lotta sich an,
schnappt sich ihre Kamera
und läuft in den Stall.
Vielleicht kann sie Knuffel
ja noch im Liegen fotografieren?
Dann ist er besonders süß!

Noch ist niemand im Stall.
„Guten Morgen", sagt Lotta
zu den Pferden,
die sie neugierig ansehen.
„Haaatschi!", ertönt es
plötzlich hinter ihr.
Lotta fährt herum.
Aber in der Stallgasse ist niemand.
Sie will gerade weitergehen –
als etwas über den Boden kratzt.
Erschrocken springt Lotta
hinter den Putzschrank.
Sind etwa Einbrecher im Stall?

Vorsichtig streckt Lotta
ihren Kopf vor.
Was ist denn das?
Eine Schubkarre schiebt sich
aus der Futterkammer
in die Stallgasse!
Und dahinter taucht ein ...
graues Ponyhinterteil auf!

„Knuffel!", ruft Lotta entsetzt
und rennt los.
„Was machst du denn da?"

Knuffel steht halb in der Stallgasse
und halb in der Futterkammer.
Seinen Kopf hat er tief
in der Haferkiste vergraben.

Lotta packt Knuffel am Halfter
und schiebt ihn rückwärts
in die Stallgasse hinaus.
Knuffel wiehert empört.

In dem Moment biegt Meike
um die Ecke.
„Knuffel war in der Futterkammer
und hat ganz viel Hafer gefressen!",
ruft Lotta aufgeregt.

„Dann rufe ich sofort
den Tierarzt an",
sagt Meike und greift
nach der Decke
über einem Sattelbock.
„Leg ihm die über
und führ ihn im Hof herum."

Eine Viertelstunde später
ist der Tierarzt Dr. Harmsen da.
Er untersucht Knuffel gründlich.
„Alles in Ordnung", sagt er dann.
„Wahrscheinlich hat dein Knuffel
erst kurze Zeit gefrühstückt.
Das war sein Glück.
Sonst hätte er eine Kolik
bekommen können."

Erleichtert umarmt Lotta Knuffel.
„Bin ich froh, dass dir nichts
passiert ist", flüstert sie.
„Aber was ist denn eine Kolik?",
fragt sie.

„Das sind sehr gefährliche Bauchschmerzen", erklärt Meike. „Die kommen von zu viel oder von verdorbenem Futter. Oder wenn Pferde erhitzt sind und eiskaltes Wasser trinken."

Ende gut, alles gut

„Genau", sagt Dr. Harmsen.
„Jetzt braucht Knuffel
leichte Bewegung.
Am besten machst du gleich
einen langen Spaziergang mit ihm."
„Haaaaaaatschschschiiii", klingt es
plötzlich wieder in der Stallgasse.
„Ach, der Minimax",
sagt Dr. Harmsen und geht
zu dem kleinen Pony hinüber.
„Den sehe ich mir auch noch an."

„Wie bist du Frechdachs
bloß aus der Box gekommen?",
fragt Meike und streichelt Knuffel
über das Maul.
Knuffel schüttelt sich
und Lotta zuckt die Schultern.
„Vielleicht habe ich die Tür
gestern nicht richtig zugemacht?"

In dem Moment stürmt eine Frau
in den Stall.
„Haben Sie vielleicht
meinen Sohn gesehen?",
ruft sie aufgeregt. „Er ist weg!"
Plötzlich macht es
in Lottas Köpfchen „klick".
„Ich glaube, ich weiß, wo er ist",
sagt Lotta und geht zum Putzschrank.

Lotta klopft gegen die Tür.
„Hallo Paul", ruft sie.
„Du kannst rauskommen."

„Lotta, wieso …?"
Meike sieht Lotta fragend an.
Aber da geht schon die Tür auf.
Und mit verweintem Gesicht
und verrutschtem Piratentuch
auf den Haaren
kriecht Paul aus dem Schrank.

„Paulchen, was machst du
bloß für Sachen?"
Pauls Mutter nimmt ihren Sohn
erleichtert in die Arme.

„Ich …", schnieft der Kleine,
„… ich … ich wollte heute früh
mit Knuffel ausreiten.
Weil Lotta doch denkt,
dass ich es nicht kann.
Und mich ausgelacht hat.
Aber Knuffel ist mir sofort
abgehauen. In die Futterkammer."
Paul schluchzt.
„Und dann ist Lotta gekommen.
Da habe ich mich schnell
im Schrank versteckt."

„Und woher wusstest du, Lotta, dass Paul da drinsteckte?", fragt Meike verwundert.

„Paul hat vorhin geniest. Erst dachte ich, dass es Minimax war. Aber der niest anders."

Lotta sieht Paul an.
„Ich wollte dich nicht auslachen",
sagt sie. „Aber richtiges Reiten
ist wirklich etwas anderes,
als nur auf einem Pony zu sitzen."
Paul nickt und schnieft laut.

„Wie auch immer",
sagt Pauls Mutter streng,
„heute wird Ponyreiten
natürlich gestrichen."
„Ooh", schluchzt Paul enttäuscht.

„Aber was hältst du davon,
wenn ich dir dafür morgen eine
Reitstunde schenke?", sagt Meike.
„Dann kannst du mal sehen,
wie richtiges Reiten ist."
„Super!" Paul strahlt von einem Ohr
zum anderen und rückt
sein Piratenkopftuch zurecht.

Da macht Knuffel einen Schritt
nach vorn und zieht es Paul
wieder herunter.
„Huch, was ist das denn?",
fragt Meike verblüfft.

„Knuffel war mal ein Zirkuspony
und kann viele Tricks", grinst Lotta.
„Ich gehe jetzt mit Knuffel los.
Möchtest du drauf, Paul?"
„Au ja!", ruft Paul überglücklich.
„Und später will ich genauso
ein tolles Pony wie Knuffel haben!"

Lotta schlingt die Arme
um Knuffels Hals.
„Das geht gar nicht", sagt sie leise.
„So ein tolles Pony wie dich
gibt es nämlich nur
ein einziges Mal auf der Welt."

Ein Wanderritt mit Knuffel

Endlich geht's los!

„Hast du deine Sachen
in Plastikfolie verpackt?",
fragt Lottas Mutter besorgt.
„Es könnte regnen."
„Hab ich", sagt Lotta. „Aber es ist
doch so ein tolles Wetter."
„Man weiß nie", meint Lottas Vater.
„Und du meldest dich sofort,
wenn ihr angekommen seid, ja?"

„Klar." Lotta umarmt ihre Eltern.
„Aber wir sind doch morgen Abend
auch schon wieder da!"
„Ja, schon", seufzt Lottas Mutter
und zupft nervös
an Knuffels Mähne herum.
„Aber es ist doch
dein erster richtiger Wanderritt!"

„Es geht los!"
Klaus klopft seinem Isländer Asterix
leicht in die Flanken.
Auch Knuffel, Fee und Turbo
setzen sich in Bewegung.

rufen Lottas und Tims Eltern
dem kleinen Reitertrupp nach.
Lotta, Lena, Tim und Klaus winken,
bis sie im Wald verschwunden sind.

„Super, Knuffel, oder?", ruft Lotta.
„Zwei Tage nur reiten!"
Knuffel schnaubt fröhlich
und wackelt mit den Ohren.
„Kommen wir eigentlich auch
an der Spukscheune vorbei, Papa?",
fragt Lena.

„Spukscheune?", fragt Lotta.
Lena nickt. „Zwei Jungen
aus meiner Klasse
haben letzte Woche
eine Nachtwanderung gemacht
und bei einer Scheune am Wald
eine weiße Gestalt gesehen."
„Uahhh", macht Tim
und Lotta läuft ein Schauder
über den Rücken.

„Keine Sorge", lacht Klaus,
„eine Spukscheune
habe ich nicht eingeplant.
Dafür aber
eine leckere Mittagspause!"
Die Ponys werden
in dem kleinen Bach
auf der Lichtung
im Wald getränkt und dann
im Schatten angebunden.

Knuffel kann frei herumlaufen –
am liebsten bleibt er sowieso
in Lottas Nähe.

Neugierig schnuppert er
an den Dingen, die die Kinder
aus den Rucksäcken holen.
„Oje", seufzt Tim,
als er die vierte Snack-Box
mit Käsebroten, Gurkenscheiben
und Karottensticks öffnet.
„Den gesunden Kram
geb ich gleich mal Knuffel.
Was habt ihr denn?

„Kartoffelsalat, Würstchen und Kekse", sagt Lotta. „Hier. Wir teilen doch sowieso alles, oder?"
„Na klar", sagt Lena.
„Will jemand Schokoriegel?"

„Mir tut mein Hintern schon weh",
stöhnt Tim,
als sie nach der Mittagspause
wieder aufsitzen.
Lotta lacht. „Das kommt davon,
wenn man nur zweimal
in der Woche reitet! Huch …
ich habe einen Tropfen abgekriegt!"

Klaus sieht in den Himmel.
„Ja, es zieht zu.
Bis zur Jugendherberge
sind es aber noch zwei Stunden.
Wir sollten uns beeil…"
In dem Moment geht ein Rauschen
durch die Bäume –
und gleich darauf
kracht ein gewaltiger
Donner.

Asterix steigt, Knuffel wiehert entsetzt und rast wie von der Tarantel gestochen davon. Mit aller Kraft versucht Lotta, ihn zu zügeln. Aber Knuffel reagiert überhaupt nicht!

Der Regen peitscht Lotta ins Gesicht. Nur mit Mühe kann sie sich im Sattel halten. So schnell ist Knuffel noch nie mit ihr galoppiert!

Hilfe, es spukt!

Endlich, endlich schafft Lotta es,
Knuffel zum Stehen zu bringen.
Mit weichen Knien
springt sie herunter
und sieht sich um.
In der Ferne entdeckt sie
ein großes Gebäude.

„Ich hab keine Ahnung,
wo wir sind, Knuffel.
Aber da hinten können wir uns
erst einmal unterstellen. Komm!"
Klatschnass erreichen die beiden
eine große Scheune.

Drinnen stehen abgedeckte Trecker,
überall liegen Strohballen herum
und eine Leiter führt
zum Dachboden hinauf.
Lotta schnappt sich ein Laken
von den Treckern.
Dann sattelt sie Knuffel ab
und reibt ihm die Feuchtigkeit
aus dem dampfenden Fell.

Danach trocknet sie sich selbst
mit einem Handtuch
aus ihrem Rucksack ab.
Knuffel schüttelt sich behaglich
und Lotta gibt ihm den Hafer
aus der Satteltasche.

„So, und jetzt rufen wir
die anderen an."
Aber als Lotta ihr Handy
aus der Jackentasche holen will,
ist es nicht mehr da!
„Auweia! Das habe ich bestimmt
gerade verlor…"

„Huuuh! Huuuh!"
Erschrocken fährt Lotta herum.
„Huuuh, huuuh", tönt es wieder –
und über ihr knarzen die Dielen.

Lotta wagt kaum zu atmen.
Angespannt lauscht sie
in die zunehmende Dunkelheit.

Knuffel schnaubt unruhig.
Aber nur noch
das Prasseln des Regens
und das Pfeifen des Sturms
sind zu hören.
„Lotta, Lotta!", hört sie da plötzlich
von draußen ihren Namen.

„Da sind die anderen!", ruft Lotta
und rennt vor die Scheune.
Weit hinten am Waldrand
tanzen die Lichtkegel
von Taschenlampen.
„Hier! Hier bin ich!", schreit Lotta.
„Lauf hin, Knuffel!"

„Kein Wunder,
dass wir dich nicht erreicht haben –
wenn du dein Handy
verloren hast", sagt Klaus
und zieht in der Scheune
seine nasse Jacke aus.
Lena fällt Lotta um den Hals.
„Ich bin ja so froh,
dass dir nichts passiert ist!
Bei dem Ritt!"

Tim lässt sich
auf einen Strohballen plumpsen.
„Was gibt es denn
in diesem tollen Hotel hier
zum Abendbrot?"
„Aufgeweichten Kuchen,
feuchte Schokolade
und matschige Bananen", lacht Lena.
„Aber Tims Butterbrote
sind doch wasserdicht verpackt",
grinst Lotta.

„Stimmt!" Tim schüttet
die Plastikboxen auf die Decke.
„Heute noch
in die Jugendherberge zu reiten
macht bei dem Unwetter
keinen Sinn", sagt Klaus,
nachdem sie die Pferde versorgt
und mit viel Appetit
Tims Brote gegessen haben.
„Wir übernachten hier."

Lena sieht sich ängstlich um.
„Und wenn das
diese Spukscheune ist?"
„Quatsch!", sagt Lotta
und bekommt eine Gänsehaut.
Aber den anderen will sie
von den Geräuschen vorhin
lieber nichts sagen …

Tim und Lotta rufen ihre Eltern an,
und dann erzählen sich alle
bei Taschenlampenschimmer,
Kakao und weichen Keksen
ihre schönste Pferdegeschichte.

Lotta berichtet natürlich,
wie sie Knuffel
in einer Zirkusvorstellung sah
und kurz darauf
vor dem Schlachter rettete.

Als Knuffel seinen Namen hört,
kommt er.
„Ja, was wären wir ohne dich",
lächelt Klaus,
tätschelt Knuffel
und gähnt.
„Und jetzt wird geschlafen.
Es ist schon spät."
„Och, ich wollte noch
auf den Heuboden rauf",
sagt Tim enttäuscht.
Klaus schüttelt den Kopf.
„Morgen, mein Lieber.
Jetzt ist das Heubett dran."

Knuffel, der Gespensterschreck

„Aber Zähneputzen geht nicht",
kichert Lotta,
kriecht in ihren Schlafsack
und kuschelt sich zurecht.
„Mann, ist das gemütlich!"

„Na, mir wäre ein Bett lieber",
stöhnt Klaus.
Doch kurz darauf
schnarcht er schon.

„Lotta?", flüstert Tim.
„Mhmmm?"
„Hast du noch etwas Süßes?"
„In meinem Ruck…"
Plötzlich wiehert Knuffel schrill
und stampft mit den Hufen auf.

Lotta und Tim fahren hoch. Im Schein des Mondlichts, das durch die Fenster fällt, huscht eine weiße Gestalt die Treppe vom Heuboden herunter.

„Oh Mann, hier spukt's wirklich!" Zitternd krallt sich Tim an Lottas Arm fest.

Die weiße Gestalt
eilt zum Scheunentor, reißt es auf
und stürzt nach draußen.
Wie der Blitz saust Knuffel hinterher!
„Knuffel, Knuffel!"
Lotta schnappt sich ihre Jacke,
springt in die Stiefel
und rennt ebenfalls nach draußen
in den strömenden Regen hinaus.
„Hilfe! Hilfe!"

Atemlos erreicht Lotta Knuffel,
der auf der Wiese
vor der Scheune steht.
Mit seinen Zähnen hält er
einen Mann am Jackenärmel fest.
„Wer sind Sie?",
fragt Lotta keuchend.
„Nimm bloß
dieses Ungeheuer weg!",
ruft der Mann ängstlich.
„Erst wenn Sie sagen, wer Sie sind."

„Kann mir vielleicht mal
jemand erklären,
was hier eigentlich los ist?",
ruft Klaus, der herbeieilt.
„Er bestimmt!", sagt Lotta
und zeigt auf den Mann,
den Knuffel immer noch festhält.
„Da bin ich gespannt!", sagt Klaus.
„Aber bitte im Trockenen.
Und die Polizei
rufen wir auch."

Kurz danach ist die Polizei da.
„Gute Arbeit", sagt der Polizist
zufrieden.
„Das ist der Einbrecher,
den wir schon lange suchen."
„Ein Einbrecher?"

Lotta, Tim und Lena
reißen die Augen auf.
Der Polizist nickt. „Er hat einige
Schrebergärten ausgeraubt.
Und die gestohlenen Gegenstände
sind hier auf dem Heuboden
versteckt."

„Jetzt verstehe ich!", ruft Lotta.
„Und damit niemand herkommt,
haben Sie gespukt!"
Der Mann nickt kleinlaut.
„Allerdings hast du dich ja nicht
vertreiben lassen. Und als
auch noch die anderen kamen …
da wollte ich natürlich verschwinden."

Klaus kratzt sich am Kopf.
„Tja, da will man nur einen
ruhigen Wanderritt machen …"
„… und dann fängt Knuffel
einen gesuchten Dieb",
führt der Polizist Klaus' Satz fort
und klopft Knuffels Hals.
„Aber woher weißt du,
wie das geht?"

„Vom Zirkus!", ruft Lotta stolz.
„Da hat Knuffel nämlich auch
ein Gespenst durch die Manege
gejagt!"
Der Polizist lacht.
„So ein Pony wie dich
könnten wir bei der Polizei
gut gebrauchen."

Knuffel schnaubt geschmeichelt
und reibt seinen Kopf
an Lottas Schulter.
„Ja, ich weiß", grinst Lotta
und schlingt ihre Arme
um Knuffels Hals.
„Du bist auch noch das tollste
Gespensterjäger- und Polizeipony
der Welt!"

Weihnachten mit Knuffel

Heiligmorgen im Stall

„Es schneit! Es schneit
am Heiligmorgen!", ruft Lotta
und drückt sich die Nase
an der Scheibe platt.
„Schnee?" Ihr Vater sieht erstaunt
von der Zeitung auf.
„Von weißen Weihnachten
ist im Wetterbericht gar keine Rede.
Aber umso besser: Dann wird das ja
heute ein Heiligabend
wie aus dem Bilderbuch!"

Lotta nickt begeistert. „Ja, bestimmt!
Und ich freu mich
auch schon so auf Omi!
Nur schade, dass wir nicht bei Knuffel
im Stall Bescherung machen –
oder Knuffel bei uns sein kann.
Wo Weihnachten doch schließlich
ein Familienfest ist."

„Weihnachten in Knuffels Box –
da würde Oma sich aber bedanken!",
lacht Lottas Vater und greift
in die Schachtel auf dem Tisch.
„Und komm bloß nicht auf die Idee,
mit Knuffel herzureiten!
Als Zirkuspony würde es ihm
bei uns im Wohnzimmer
zwar sicherlich gefallen …
nur hätte ich nicht so gern,
dass er meine Kekse
vom bunten Teller stibitzt!

Mhmm – die hier sind übrigens
auch sehr lecker!"

Lotta fährt herum.
„Und du stibitzt gerade
Knuffels Leckerli!", ruft sie.
„Was?", prustet Lottas Vater,
„das sind Leckerli für Pferde?"

„Ja, Weihnachtsleckerli!"
Lotta lacht und bindet eine Schleife
um die Schachtel.
„Als Geschenk habe ich Knuffel
seine Lieblingssorte gebacken.
Die anderen Ponys
kriegen natürlich auch welche.
Nur Nelly darf ich keine geben."

„Warum denn das nicht?",
fragt Lottas Vater überrascht.
„Weil sie zu dick geworden ist",
meint Lotta.

„Fröhliche Weihnachten,
Knuffelchen", begrüßt Lotta Knuffel
wenig später im Stall
und setzt ihm
eine Nikolausmütze auf.
„Willst du dein Geschenk
jetzt schon haben?"

Knuffel schnaubt
und schüttelt sich heftig.
In hohem Bogen fliegt die Mütze
in die Stallgasse.
Sofort stürzen sich Maxi und Leo,
die Hunde von Lottas Freundin Lena,
auf sie.

„He, gebt sofort die Mütze wieder her!",
lacht Lotta und läuft
hinter Maxi und Leo her.
Aber flink wie die Wiesel
sausen sie mit ihrer Beute
aus dem Stall.

„Lotta! Ich krieg Nelly nicht raus!",
ruft Tim aus Nellys Box.
„Und Klaus sagt,
ich soll sie noch striegeln!"

„Ich komme schon!", ruft Lotta
und läuft zu Nellys Box zurück.
„In letzter Zeit bist du echt zickig,
Nelly", sagt Lotta.
Sie nimmt Nelly am Halfter
und schnalzt mit der Zunge.
Aber Nelly bleibt
wie angewurzelt stehen.

„Nelly, komm!", ruft Lotta.
Doch statt sich zu bewegen,
wiehert Nelly herzzerreißend.
Knuffel wiehert zurück,
und im Nu
veranstalten die beiden
ein lautes Konzert.

„Was habt ihr beide denn heute?",
lacht Lotta und gibt Nelly
einen leichten Klaps
auf das Hinterteil.
Nelly macht einen winzigen Schritt
nach vorn, und Lotta schafft es,
sie in die Stallgasse zu ziehen.

„Nicht zu fassen,
wie faul Nelly geworden ist!",
ruft Paula, die mit Lena
um die Ecke biegt.
„Wie eine Oma trabt sie
in letzter Zeit
hinter den anderen her.
Und heute lässt sie sich von Lotta
sogar aus der Box tragen!"

Was ist nur mit Nelly los?

Lotta sieht Nelly besorgt an.
„So schlimm hat sie sich
aber noch nie angestellt.
Ob Nelly vielleicht krank ist?"

Klaus, der gerade
den Schneeschieber
aus der Sattelkammer holt, lacht.
„Krank? Nein, krank
ist unsere Nelly bestimmt nicht!
Aber mit so einem Bäuchlein
hätte ich auch keine Lust mehr,
mich zu bewegen."

„Kein Wunder, dass sie so zugelegt hat", sagt Lena. „In letzter Zeit frisst sie ja total viel."

Lotta nickt.
„Stimmt.
Ihr Trog ist immer ratzfatz leer.
Und im Außenstall hat sie sogar die Trennwand
zu Knuffels Box angeknabbert!"

„Schneeflöckchen, Weißröckchen",
klingt es kurz danach
durch den Stall.
Mit gespitzten Ohren
beobachten die Ponys,
wie Lotta und ihre Freunde
mit buntem Weihnachtsschmuck
durch die Stallgasse rennen.

„Na Nelly? Nelly mag
wohl keine Weihnachtslieder",
grinst Paula.
„Wieso?", fragt Lotta,
die Knuffel gerade davon abhält,
einen Tannenzweig samt Zapfen
und Lametta zu verspeisen.
„Weil sie sich in ihren Außenstall
verzogen hat", sagt Paula.

Bald erstrahlt der Stall
in festlichem Glanz.
Kein Strohhalm liegt mehr
in der blitzblanken Stallgasse,
und über dem Stalltor
prangt in goldenen Buchstaben
FRÖHLICHE WEIHNACHTEN.

„Ach, das ist aber schön hier!"

„Omi!"
Stürmisch begrüßt Lotta
ihre Großmutter,
mit der auch ihre Eltern
in den Stall kommen.

„Komm – ich zeig dir Knuffel!"
Lotta zieht ihre Oma
an der Hand zu Knuffels Box.
„Sag Omi Guten Tag,
Knuffelchen", sagt Lotta.
Aber statt sich wie sonst
zu verbeugen,
läuft Knuffel unruhig
in seiner Box auf und ab.

„Knuffel – was ist denn heute
bloß los?", fragt Lotta.
Aber da wiehert Knuffel schrill,
packt Lotta am Ärmel
und zieht sie so,
dass ihr Blick in Nellys Box fällt.
Lotta erstarrt:
Schweißnass liegt Nelly
im Stroh und atmet schwer.

Die schönste Bescherung!

„Klaus! Lena! Schnell!
Nelly ist krank!", ruft Lotta
und rennt aus Knuffels Box.
„Was?", ruft Klaus erschrocken
und ist im Nu bei Nelly.
Auch Lottas Eltern,
Lena, Paula und Tim
eilen herbei.

Knuffel wiehert ununterbrochen
und scharrt aufgeregt mit den Hufen.
„Nelly wird bestimmt wieder gesund,
Knuffel", versucht Lotta ihn
mit Tränen in den Augen
zu beruhigen.
„Ganz sicher. Oder Klaus?"

„Tja ...", Klaus kratzt sich am Kopf,
„das muss sie gar nicht, Lotta.
Unsere Nelly ist gesund –
aber sie kriegt gerade ein Fohlen!"
„Was?", rufen Lotta, Lena, Paula und
Tim wie aus einem Mund.
„Ja, sie kriegt ein Fohlen!",
wiederholt Klaus.
„Lena – ruf rasch Dr. Schneider an,
er soll sofort herfahren!"

„Da kommt es schon!",
ruft Lotta wenig später atemlos.
Gebannt beobachten sie,
Knuffel und die anderen,
wie Klaus Nelly bei der Geburt hilft.

Als Dr. Schneider eintrifft,
liegt schon ein kleines,
helles Fohlen mit großen Augen
im Stroh.

Zärtlich leckt Nelly
ihm über das nasse Fell.
„Herzlichen Glückwunsch –
ein Prachtbursche ist das!",
sagt Dr. Schneider zufrieden,
nachdem er Nelly
und ihr Fohlen untersucht hat.
„Wie wird er denn heißen?"

„Flöckchen!", platzt Lotta heraus.
„Weil er genauso plötzlich da war
wie die Schneeflocken
heute Morgen!"
„Flöckchen ...", murmelt Klaus
und streichelt dem Fohlen und Nelly
gedankenverloren über die Mähnen.
„Ich fasse es immer noch nicht ...
Dass wir nichts gemerkt haben ..."

„Es passiert zwar sehr selten",
sagt Dr. Schneider,
„aber bei Ponys kann einem
tatsächlich schon einmal entgehen,
dass ein Fohlen unterwegs ist."

„Und wer ist der glückliche Vater?",
fragt Lottas Oma.

Knuffel stubst Lotta
gegen die Schulter.

„Na, ist doch klar!", ruft Lotta.
„Knuffel natürlich!"
„Knuffel?" Lottas Vater
reißt die Augen auf.
„Lotta hat recht", schmunzelt Klaus.
„Es kann nur Knuffel sein.
Eine Stute trägt elf Monate.
Nelly ist seit über einem Jahr hier.
Und Knuffel ist der einzige Hengst
im Stall!"

„ … und auch der Einzige,
der gewusst hat, dass Nelly heute
ein Fohlen bekommt!"
Lotta umarmt Knuffel
und macht die Boxtür auf.
Behutsam nähert sich Knuffel Nelly
und seinem kleinen Sohn.
Flöckchen hebt den Kopf,
Nelly pustet ihn an
und Knuffel gibt Nelly
einen zärtlichen Nasenstüber.

„Ist das schön!",
seufzt Lotta glücklich.
„Mama, Papa, Omi –
wir können Knuffel und Nelly
doch jetzt nicht alleine lassen!"
„Aber ich habe einen Braten im Ofen,
und Oma hat sich doch so
auf unseren Baum gefreut!",
protestiert Lottas Mutter.

„Einen schönen Baum
haben wir hier auch!", ruft Lena.
„Und zu essen gibt's
ebenfalls genug", grinst Klaus
und zwinkert Lotta und Lena zu.
„Aber den Braten könnten wir ja
trotzdem holen!"

Lottas Oma lacht und nimmt
Lotta und Lena in die Arme.
„Ihr habt ganz recht!
Man muss die Feste feiern,
wie sie fallen!
Und einen solchen Heiligabend,
der uns ein Flöckchen beschert –
den kann man doch gar nicht
im Wohnzimmer verbringen!"

„Einverstanden", willigt Lottas Mutter lächelnd ein.
„Juchuu!" Lotta umarmt ihre Eltern und führt einen Freudentanz auf.
„Und eure Eltern holen wir auch noch her!"
„Au ja!", rufen Paula und Tim und tanzen mit Lotta durch die Stallgasse.

Wenig später stimmt Klaus
auf der Gitarre
„Stille Nacht, heilige Nacht" an.
Alle singen mit –
nur Lotta kann sich
immer noch nicht von der
frischgebackenen Ponyfamilie
trennen.

„Nelly und Knuffel –
das ist der schönste Heiligabend,
den ich je erlebt habe",
flüstert Lotta selig
und gibt den beiden
ein paar Weihnachtsleckerli.
„Und du, Flöckchen,
bist die allertollste Bescherung
und das aller-, allersüßeste Fohlen
auf der ganzen Welt!"

ISBN 978-3-8458-2376-8   ISBN 978-3-8458-2377-5

Auch zu bestellen unter www.arsedition.de

DAS KLEINE STALLGESPENST

Hatschi – es spukt am Ponyhof!

Das kleine Gespenst Hatschihu will sich mit den Ponys im Stall anfreunden. Schließlich soll Pünktchen, Lenis Pony, sich nicht mehr vor ihm erschrecken! Doch wie meistens, wenn Hatschihu etwas plant, ist Chaos vorprogrammiert ...

Auch zu bestellen unter www.arsedition.de

ISBN 978-3-8458-2146-7

Auch zu bestellen unter www.arsedition.de